CW01045596

Alphabet - Abeceda

a, b, c, č, d, ď, e, f, g, h,
n, ň, o, p, q, r, ř, s, š, t, ť, u

Letter	Approximate pronunciation	Symbol
c	like **ts** in ca**ts**	**ts**
	example:	
	cesta *[tsesta]* - a journey/ a road	
č	like **ch** in **ch**urch	**ch**
	example:	
	klíč *[kleech]* - a key	
h	like **h** in **h**urt	**h** (bold)
	example:	
	hotel *[hotel]* - a hotel	
ch	like **ch** in Scottish lo**ch**	**kh**
	example:	
	chtít *[kht'eet]* - to want	
j	like **y** in Scottish **y**es	**y**
	example:	
	jídlo *[yeedlo]* - food/ meal	
k	like **k** in **k**ey; **k** is always pronounced	**k**
	example:	
	kapr *[kapr]* - a karp	
ň	like **nn** in a**nn**ual or **ny** in ca**ny**on	**n**^{y}
	example:	
	píseň *[peesen^y]* - a song	

Letter	Approximate pronunciation	Symbol
ř	like a rolled **r** but flatten the tip of tongue to make a short forceful buzz like **ž** (below) *example:* **tři** *[trzhi]* - three, **Dvořák** *[dvorzhahk]* - Czech surname	**rzh**
š	like **sh** in **sh**ort *example:* **šest** *[shest]* - six	**sh**
ž	like **s** in plea**s**ure *example:* **žena** *[zhena]* - a woman	**zh**
á	like **a** in f**a**ther *example:* **máma** *[mahma]* - a mam	**ah**
é	similar to the **e** in b**e**d but longer /e:/ *example:* **mléko** *[mlehko]* - milk	**eh**
í, ý	similar **ee** in s**ee** *example:* **bílý** *[beelee]* - white	**ee**
o	like **o** in c**o**st *example:* **kolo** *[kolo]* - a bicycle	**o**
ó	like **o** in sh**o**rt; found only in foreign words *example:* **gól** *[gōl]* - a goal	**ō**

CZ - Czech - Phrase Book + CD

Letter	Approximate pronunciation	Symbol
u	like **oo** in b**oo**k	**oo**
	example:	
	ruka *[rooka]* - a hand	
ú, ů	like **oo** in m**oo**n	**ōō**
	example:	
	úkol *[ōōkol]* - an assignment/ an exercise	
	dům *[dōōm]* - a hause	
y	like **i** in b**i**t	**i**
	example:	
	byt *[bit]* - a flat; **syn** *[sin]* - a son	
au	like **ow** in c**ow**	**aoo**
	example:	
	auto *[aooto]* - a car; **autor** *[aootor]* - an author	
ou	like **ow** in m**ow** or the exclamation **Oh!**	**oh**
	example:	
	mouka *[mohka]* - flour; **louka** *[lohka]* - meadow	
ě	- when **d, t, n** precede **ě**, they become (**dʸě, tʸě, nʸě**). - The sames happens if they are followed by the letter **i (dʸi, tʸi, nʸi)** and **í (dʸee, tʸee, nʸee)** - when **b, p, v, f** and **m** precede **ě**, they become **bʸě, pʸě, vʸě** and **mnʸě, mʸě** respectively	
r	- like **r** in train; it is always pronounced *example:* **okurka** *[okoorka]* - a cucumber	**r**

when text is spoken by man **(M)**, when text is spoken by woman **(F)**
when it is addressed to man **(toM)**, when it is addressed to woman **(toF)**

GENERAL EXPRESSIONS
VŠEOBECNÉ VÝRAZY

yes	**ano**	*[ano]*
no	**ne**	*[ne]*
please	**prosím**	*[proseem]*
thank you	**děkuji**	*[dʲekooyi]*
Excuse me./	**Promiňte,**	*[prominʲte*
I'm sorry.	**omlouvám se.**	*omlohvahm se]*
I don't want to.	**Nechci.**	*[nekhtsi]*
I can't.	**Nemohu.**	*[nemohoo]*

GREETINGS AND INTRODUCTIONS
POZDRAVY A PŘEDSTAVOVÁNÍ

Good morning!	**Dobré ráno!**	*[dobreh rahno]*
Good afternoon!	**Dobré odpoledne!**	*[dobreh otpoledne]*
Good evening!	**Dobrý večer!**	*[dobree vecher]*
Good night!	**Dobrou noc!**	*[dobroh nots]*
Hello./ Hi.	**Ahoj.**	*[a-hoy]*
I'm glad to see you. (M)	**Rád Tě vidím.**	*[rahd tʲe vidʲeem]*
I'm glad to see you. (F)	**Ráda Tě vidím.**	*[rahda tʲe vidʲeem]*
See you (later).	**Na shledanou.**	*[na shledanoh]*
Good-bye.	**Sbohem.**	*[sbohem]*
Take care.	**Opatruj se.**	*[opatrooy se]*
How are you?	**Jak se máte?**	*[yak se mahte]*
I'm very well, thank you.	**Děkuji, velmi dobře.**	*[dʲekooyi velmi dobrzhe]*

CZ - Czech - Phrase Book + CD

And what about you?	**A Vy?**	*[a vi]*
I'm fine, thanks.	**Dobře, díky.**	*[dobrzhe ďeeki]*
This is Mr Vlk.	**Tohle je pan Vlk.**	*[tohle ye pan vlk]*
How do you do.	**Těší mne.**	*[ťeshee mnʸe]*
What's your name?	**Jak se jmenujete?**	*[yak se ymenooyete]*
My name is ...	**Jmenuji se ...**	*[ymenooyi se]*
Where are you from?	**Odkud jste?**	*[otkut yste]*
I'm from England.	**Já jsem z Anglie.**	*[yah ysem z angliye]*
I'm English.	**Jsem Angličan.**	*[ysem anglichan]*
I'm here ...	**Já jsem tady ...**	*[yah ysem tadi]*
- with my wife	**- se svou ženou**	*[se svoh zhenoh]*
- with my girlfriend	**- se svou přítelkyní**	*[se svoh przheetelkinʸee]*
- with my boyfriend	**- se svým přítelem**	*[se sveem przheetelem]*
- with my family	**- se svou rodinou**	*[se svoh roďinoh]*
- with my husband	**- se svým manželem**	*[se sveem manzhelem]*
I'm here on my business trip.	**Já jsem tady služebně.**	*[yah ysem tadi sloozhebnʸe]*
I'm here on my holiday.	**Jsem tady na dovolené.**	*[ysem tadi na dovoleneh]*
I'm single. (M)	**Jsem svobodný.**	*[ysem svobodnee]*
I'm single. (F)	**Jsem svobodná.**	*[ysem svobodnah]*
I'm married. (M)	**Jsem ženatý.**	*[ysem zhenatee]*
I'm married. (F)	**Jsem vdaná.**	*[ysem vdanah]*
I'm divorced. (M)	**Jsem rozvedený.**	*[ysem rozvedenee]*
I'm divorced. (F)	**Jsem rozvedená.**	*[ysem rozvedenah]*
I'm widowed. (M)	**Jsem ovdovělý.**	*[ysem ovdovʸelee]*
I'm widowed. (F)	**Jsem ovdovělá.**	*[ysem ovdovʸelah]*

When?/ How?	**Kdy?/ Jak?**	*[gdi]/ [yak]*
What?/ Why?	**Co?/ Proč?**	*[tso]/ [proch]*
Who?/ Which?	**Kdo?/ Který?**	*[gdo]/ [kteree]*
How much? (uncoun)	**Kolik?**	*[kolik]*
How many? (coun)	**Kolik?**	*[kolik]*
Where is ...?	**Kde je ...?**	*[gde ye]*
Where are ...?	**Kde jsou ...?**	*[gde ysoh]*
Who are you?	**Kdo jste?**	*[gdo yste]*
What is that?	**Co je to?**	*[tso ye to]*
Is there ...?	**Je tam ...?**	*[ye tam]*
Are there ...?	**Jsou tam ...?**	*[ysoh tam]*
Where can I get ...?	**Kde můžu dostat ...?**	*[gde mōōzhoo dostat]*
Where can I find ...?	**Kde můžu najít ...?**	*[gde mōōzhoo nayeet]*
Where do you live?	**Kde bydlíte?**	*[gde bidleete]*
Where were you born?(toM)	**Kde jste se narodil?**	*[gde yste se narodʲil]*
Where were you born?(toF)	**Kde jste se narodila?**	*[gde yste se narodʲila]*
How old are you?	**Kolik je Vám let?**	*[kolik ye vahm let]*
What's the time?	**Kolik je hodin?**	*[kolik ye hodʲin]*
How far?	**Do jaké míry?**	*[do yakeh meeri]*
How long?	**Jak dlouho?**	*[yak dlohho]*
Are you in a hurry?	**Spěcháte?**	*[spʲekhahte]*
I have lost my way. (M)	**Zabloudil jsem.**	*[zablohdʲil ysem]*
I have lost my way. (F)	**Zabloudila jsem.**	*[zablohdʲila ysem]*
I'm sorry to trouble you.	**Promiňte, že obtěžuji.**	*[prominʲte zhe obtʲezhoo-yi]*

Do you speak Czech?	**Mluvíte česky?**	*[mlooveete cheski]*
I speak only English.	**Mluvím jen anglicky.**	*[mlooveem yen anglitski]*
Do you understand me?	**Rozumíte mi?**	*[rozoomeete mi]*
I don't understand.	**Nerozumím.**	*[nerozoomeem]*
Could you repeat it? (toM)	**Mohl byste to zopakovat?**	*[mohl biste to zopakovat]*
Could you repeat it? (toF)	**Mohla byste to zopakovat?**	*[mohla biste to zopakovat]*
How do you spell that?	**Jak se to píše?**	*[yak se to peeshe]*
Can you explain it to me?	**Můžete mi to vysvětlit?**	*[mōōzhete mi to vysvᵛetlit]*
All right. Good. Fine.	**Dobře.**	*[dobrzhe]*
Can you show me the route on the map?	**Můžete mi ukázat cestu na mapě?**	*[mōōzhete mi ookahzat tsestu na mapᵛe]*
Would you tell me, please, ... (toM)	**Řekl byste mi ...**	*[rzhekl biste mi]*
Would you tell me, please, ... (toF)	**Řekla byste mi ...**	*[rzhekla biste mi]*
Would you mind if ...	**Bude Vám vadit, když ...**	*[boode vahm vaďit kdizh]*
Would you show us ... (toM)	**Ukázal byste nám ...**	*[ookahzal biste nahm]*
Would you show us ... (toF)	**Ukázala byste nám ...**	*[ookahzala biste nahm]*
Please wait.	**Počkejte.**	*[pochkeyte]*

OPPOSITES
SLOVA OPAČNÁ

old/ new	**staré/ nové**	*[stareh/ noveh]*
good/ bad	**dobré/ špatné**	*[dobreh/ shpatneh]*

better/ worse	lepší/ horší	*[lepshee/ **h**orshee]*
expensive/ cheap	laciné/ drahé	*[latsineh/ draheh]*
early/ late	brzo/ pozdě	*[brzo/ pozďe]*
big/ small	velké/ malé	*[velkeh/ maleh]*
narrow/ wide	úzké/ široké	*[ōōzkeh/ shirokeh]*
near/ far	blízko/ daleko	*[bleesko/ daleko]*
hot/ cold	horké/ studené	*[**h**orkeh/ stoodeneh]*
vacant/ occupied	volné/ obsazené	*[volneh/ opsazeneh]*
easy/ difficult	jednoduché/ složité	*[yednodookheh/ slozhiteh]*
first/ last	první/ poslední	*[prvnˠee/ poslednˠee]*
open/ closed	otevřené/ zavřené	*[otevrzheneh/ zavrzheneh]*
right/ wrong	správné/ špatné	*[sprahvneh/ shpatneh]*
fast/ slow	rychlé/ pomalé	*[rikhleh/ pomaleh]*
heavy/ light	těžké/ lehké	*[tˠezhkeh/ lehkeh]*
full/ empty	plné/ prázdné	*[plneh/ prahzdneh]*
clean/ dirty	čisté/ špinavé	*[chisteh/ shpinaveh]*
loud/ quiet	hlasité/ tiché	*[**h**lasiteh/ tˠikheh]*

HOTEL, ACCOMMODATION
HOTEL, UBYTOVÁNÍ

6

Do you have any rooms available?	Máte nějaké volné pokoje?	*[mahte nˠeyakeh volneh pokoye]*
I'd like to book a room in the name of ... (M)	Chtěl bych si zamluvit pokoj na jméno ...	*[khtˠel bikh si zamloovit pokoy na ymehno]*
I'd like to book a room in the name of ... (F)	Chtěla bych si zamluvit pokoj na jméno ...	*[khtˠela bikh si zamloovit pokoy na ymehno]*

We have a reservation for you for a room on the fourth floor.	**Rezervovali jsme Vám pokoj ve čtvrtém patře.**	*[rezervovali ysme vahm pokoy ve chtvrtehm patrzhe]*
The hotel is fully booked.	**Hotel je plně obsazen.**	*[hotel ye plnʸe opsazen]*
Have you got a vacant room for this night?	**Máte volný pokoj na dnešní noc?**	*[mahte volnee pokoy na dneshnʸee nots]*
Is here a lift?	**Je tu výtah?**	*[ye too veetah]*
I'd like ... (M)	**Chtěl bych ...**	*[khtʸel bikh]*
I'd like ... (F)	**Chtěla bych ...**	*[khtʸela bikh]*
- a single room	**- jednolůžkový pokoj**	*[yednulōōzhkovee pokoy]*
- a double room	**- dvoulůžkový pokoj**	*[dvohlōōzhkovee pokoy]*
- a room without a bath	**- pokoj bez koupelny**	*[pokoy bes kohpelni]*
- a room with a shower	**- pokoj se sprchou**	*[pokoy se sprkhoh]*
- a bigger room	**- větší pokoj**	*[vʸetshee pokoy]*
- a cheaper room	**- levnější pokoj**	*[levnʸeyshee pokoy]*
May I see the room? (M)	**Mohl bych se na ten pokoj podívat?**	*[mohl bikh se na ten pokoy podʸeevat]*
May I see the room? (F)	**Mohla bych se na ten pokoj podívat?**	*[mohla bikh se na ten pokoy podʸeevat]*
That's fine.	**Líbí se mi.**	*[leebee se mi]*
I'll take it.	**Vezmu si ho.**	*[vezmoo si ho]*
I don't like it.	**Mně se nelíbí.**	*[mnʸe se neleebee]*
It's too dark.	**Je moc tmavý.**	*[ye mots tmavee]*
It's too small.	**Je moc malý.**	*[ye mots malee]*
It's too noisy.	**Je moc hlasitý.**	*[ye mots hlasitee]*
Do you have anything ...?	**Máte nějaký ...?**	*[mahte nʸeyakee]*
- bigger	**- větší**	*[vʸetshee]*

- smaller	**- menší**	*[menshee]*
- quieter	**- tišší**	*[tʲishee]*
Here is the hotel card and the key.	**Tady máte hotelovou kartu a klíče.**	*[tadi mahte hotelovoh kartoo a kleeche]*
Your room number is 25.	**Máte pokoj číslo 25.**	*[mahte pokoy cheeslo dvatset pʲet]*
May I please have my bill?	**Můžete mi dát účet, prosím?**	*[mōōzhete mi daht ōōchet proseem]*
I liked it here very much.	**Moc se mi tady líbilo.**	*[mots se mi tadi leebilo]*

RESTAURANT
RESTAURACE

7

Are you hungry?	**Máš hlad?**	*[mahsh hlad]*
I'm thirsty./ I feel thirsty.	**Mám žízeň.**	*[mahm zheezenʲ]*
May I invite you to lunch?	**Mohu vás pozvat na oběd?**	*[mohoo vahs pozvat na obʲet]*
May I invite you to dinner?	**Mohu vás pozvat na večeři?**	*[mohoo vahs pozvat na vecherzhi]*
May I invite you for a drink?	**Mohu vás pozvat na skleničku?**	*[mohoo vahs pozvat na klenʲichkoo]*
Have you got a table reservation?	**Máte rezervovaný stůl?**	*[mahte rezervovanee stōōl]*
I'd like to reserve a table for four. (M)	**Rád bych si rezervoval stůl pro čtyři osoby.**	*[rahd bikh si rezervoval stōōl pro chtirzhi osobi]*
I'd like to reserve a table for four. (F)	**Ráda bych si rezervovala stůl pro čtyři osoby.**	*[rahda bikh si rezervovala stōōl pro chtirzhi osobi]*

Excuse me, please, would you bring me the menu? (to M)	**Promiňte, prosím, přinesl byste mi jídelní lístek?**	*[promin'te proseem przhinesl biste mi yeedeln'ee leestek]*
Excuse me, please, would you bring me beverage list? (to F)	**Promiňte, prosím, přinesla byste mi nápojový lístek?**	*[promin'te proseem przhinesla biste mi nahpoyovee leestek]*
Will you take my order?	**Mohu si objednat?**	*[mohoo si ob'ednat]*
Could you give me ...? (to M)	**Mohl byste mi dát ...?**	*[mohl biste mi daht]*
Could you give me ...? (to F)	**Mohla byste mi dát ...?**	*[mohla biste mi daht]*
- lemon/ sugar	**- citrón/ cukr**	*[tsitrōn]/ [tsookr]*
- salt/ pepper	**- sůl/ pepř**	*[sōōl]/ [peprzh]*
- a spoon	**- lžíci**	*[lzheetsi]*
- a teaspoon	**- lžičku**	*[lzhichkoo]*
- a knife	**- nůž**	*[nōōzh]*
- a fork	**- vidličku**	*[vidlichkoo]*
- a cutlery	**- příbor**	*[przheebor]*
- a plate	**- talíř**	*[taleerzh]*
What would you recommend? (to M)	**Co byste nám doporučil?**	*[tso biste nahm doporoochil]*
What would you recommend? (to F)	**Co byste nám doporučila?**	*[tso biste nahm doporoochila]*
We would like to have lunch.	**Chtěli bychom poobědvat.**	*[kht'eli bikhom po-ob'edvat]*
Have you made your choice?	**Máte vybráno?**	*[mahte vibrahno]*
Do you prepare also dietary meals?	**Připravujete také dietní jídla?**	*[przhipravooyete takeh diyetn'ee yeedla]*

Could you bring us fish fingers with chips, vinegar and ketchup, please? (toM)	**Prosím Vás, mohl byste nám přinést smažené rybí prsty s hranolky, octem a kečupem?**	*[proseem vahs mohl biste nahm przhinehst smazheneh ribee prsti s hranolki otstem a kechoopem]*
Could you bring us fish fingers with chips, vinegar and ketchup, please? (toF)	**Prosím Vás, mohla byste nám přinést smažené rybí prsty s hranolky, octem a kečupem?**	*[proseem vahs mohla biste nahm przhinehst smazheneh ribee prsti s hranolki otstem a kechoopem]*
Do you have any vegetarian dishes?	**Máte bezmasá jídla?**	*[mahte bezmasah yeedla]*

BREAKFAST
SNÍDANĚ

8

I would like ... (M)	**Dal bych si ...**	*[dal bikh si]*
I would like ... (F)	**Dala bych si ...**	*[dala bikh si]*
- tea with milk	**- čaj s mlékem**	*[chay s mlehkem]*
- coffee with cream	**- kávu se smetanou**	*[kahvoo se smetanoh]*
- cocoa	**- kakao**	*[kakao]*
- bread	**- chléb**	*[khlehp]*
- toast	**- toast**	*[tohst]*
- roll	**- rohlík**	*[rohleek]*
- ham-and-eggs	**- vejce se šunkou**	*[veytse se shoonkoh]*
- butter	**- máslo**	*[mahslo]*
- jam	**- džem**	*[dzhem]*
- cornflakes	**- obilné lupínky**	*[obilneh loopeenki]*
- yoghurt	**- jogurt**	*[yogoort]*

CZ - Czech - Phrase Book + CD

STARTERS
PŘEDKRMY

9

liver paté	**játrová paštika**	*[yahtrovah pasht'ika]*
sausages	**klobásy**	*[klobahsi]*
gherkin/ pickle	**kyselý okurek**	*[kiselee okoorek]*
pickled mushrooms	**nakládané houby**	*[naklahdaneh hohbi]*
sandwiches	**obložené chlebíčky**	*[oblozheneh khlebeechki]*
omelette	**omeleta**	*[omeleta]*
pancakes	**palačinky**	*[palachinki]*
cold meat platter	**studená mísa**	*[stoodenah meesa]*
ham/ mushrooms	**šunka/ houby**	*[shoonka]/ [hohbi]*

SOUPS
POLÉVKY

10

potato soup	**bramborová polévka**	*[bramborovah polehfka]*
tomato soup	**rajčatová polévka**	*[raychatovah polehfka]*
mushroom soup	**houbová polévka**	*[hohbovah polehfka]*
chicken soup	**slepičí polévka**	*[slepichee polehfka]*
vegetable soup	**zeleninová polévka**	*[zeleninovah polehfka]*

MEAT
MASO

11

poultry/ beef	**drůbeží/ hovězí**	*[drōōbezhee]/ [hov'ezee]*
pork/ lamb	**vepřové/ jehněčí**	*[veprzhoveh]/ [yehn'echee]*

mutton/ veal	**skopové/ telecí**	[skopoveh]/ [teletsee]
game/ steak	**zvěřina/ biftek**	[zvʲerzhina]/ [biftek]
chicken with a paprika sauce	**kuře na paprice**	[kurzhe na papritse]
stewed/ roasted	**dušené/ pečené**	[doosheneh]/ [pecheneh]
boiled/ fried	**vařené/ smažené**	[varzheneh]/ [smazheneh]
grilled/ smoked	**grilované/ uzené**	[grilovaneh]/ [oozeneh]
underdone/ rare	**lehce udělané**	[lekhtse ooďelaneh]
medium-done	**středně udělané**	[strzhednʲe ooďelaneh]
well-done	**dobře udělané**	[dobrzhe ooďelaneh]
very rare	**na krvavo**	[na krvavo]
minced	**mleté**	[mleteh]

FISH AND SEAFOOD
RYBY A PLODY MOŘE

prawn/ tuna	**kreveta/ tuňák**	[kreveta]/ [toonʲahk]
salmon/ shark	**losos/ žralok**	[losos]/ [zhralok]
mackerel/ trout	**makrela/ pstruh**	[makrela]/ [pstroo**h**]
pike/ fish fillet	**štika/ rybí filé**	[shtʲika]/ [ribee fileh]

SIDE DISHES
PŘÍLOHY

potatoes	**brambory**	[brambori]
potato pancakes	**bramborové placky**	[bramboroveh platski]
dumpling/ noodles	**knedlík/ nudle**	[knedleek]/ [noodle]

| sauce/ rice | **omáčka/ rýže** | *[omahchka]/ [reezhe]* |
| pasta | **těstoviny** | *[t'estovini]* |

VEGETABLES AND SALADS
ZELENINA A SALÁTY

brocoli, broccoli	**brokolice**	*[brokolitse]*
onion/ garlic	**cibule/ česnek**	*[tsiboole]/ [chesnek]*
beans/ peas	**fazole/ hrách**	*[fazole]/ [hrahkh]*
lettuce	**hlávkový salát**	*[hlahvkovee salaht]*
carrot/ cabbage	**mrkev/ zelí**	*[mrkef]/ [zelee]*
cucumber/ tomatoes	**okurka/ rajčata**	*[okoorka]/ [raychata]*
green pepper	**zelená paprika**	*[zelenah paprika]*
red pepper	**červená paprika**	*[chervenah paprika]*
cucumber salad	**okurkový salát**	*[okoorkovee salaht]*
mixed fresh vegetable salad	**jarní míchaný salát**	*[yarn'ee meekhanee salaht]*
- with olive oil	**- s olivovým olejem**	*[s olivoveem oleyem]*
fresh fruit salad	**ovocný salát**	*[ovotsnee salaht]*
- with dressing	**- se zálivkou**	*[se zahlivkoh]*

FRUIT AND DESSERTS
OVOCE A ZÁKUSKY

peach/ lemon	**broskev/ citron**	*[broskef]/ [tsitrōn]*
grapes	**hroznové víno**	*[hroznoveh veeno]*
apple/ pear	**jablko/ hruška**	*[yablko]/ [hrooshka]*

strawberry/ cherries	**jahoda/ třešně**	*[yahoda]/ [trzheshnᵉe]*
nut/ orange	**ořech/ pomeranč**	*[orzhekh]/ [pomeranch]*
currant/ plum	**rybíz/ švestka**	*[ribees]/ [shvestka]*
biskits	**sušenky**	*[sooshenki]*
chocolate pudding	**čokoládový zákusek**	*[chokolahdovee zahkoosek]*
cake/ rich cream cake	**dort**	*[dort]*
apple pie	**jablkový koláč**	*[yablkovee kolahch]*
doughnuts	**koblihy**	*[koblihi]*
ice cream with chocolate	**zmrzlina s čokoládovou**	*[zmrzlina s chokolahdovoh*
topping and fruit	**polevou a ovocem**	*polevoh a ovotsem]*

BEVERAGES
NÁPOJE

alcoholic drinks	**alkoholické nápoje**	*[alkoholitskeh nahpoye]*
cold beverages	**studené nápoje**	*[stoodeneh nahpoye]*
hot beverages	**teplé nápoje**	*[tepleh nahpoye]*
glass/ ice cube	**sklenice/ kostka ledu**	*[sklenitse]/ [kostka ledoo]*
To your health! Cheers!	**Na zdraví!**	*[na zdravee]*
We'll have ...	**K pití si dáme ...**	*[k piťᵉee si dahme]*
- beer/ wine	**- pivo/ víno**	*[pivo]/ [veeno]*
- whisky on the rock	**- whisky s ledem**	*[wiski s ledem]*
- Czech alcoholic drink	**- slivovici**	*[slivovitsi]*
- whisky with a little water	**- whisky s trochou vody**	*[wiski s trokhoh vodi]*
soft drinks	**nealkoholické nápoje**	*[nealkoholickeh nahpoye]*
tea/ milk	**čaj/ mléko**	*[chay]/ [mlehko]*
hot chocolate	**horká čokoláda**	*[horkah chokolahda]*

cocoa	**kakao**	*[kakao]*
coffee with cream	**káva se šlehačkou**	*[kahva se shlehachkoh]*
lemonade	**limonáda**	*[limonahda]*
fruit drink	**šťáva**	*[shťahva]*
mineral water	**minerálka**	*[minerahlka]*
juice	**džus**	*[dzhoos]*
We'll pay separately.	**Platíme zvlášť.**	*[plaťeeme zvlahshťʸ]*

COMPLAINTS
STÍŽNOSTI

17

That's not what I ordered. (M)	**To jsem si neobjednal.**	*[to ysem si neobʸednal]*
That's not what I ordered. (F)	**To jsem si neobjednala.**	*[to ysem si neobʸednala]*
There is ... missing.	**Tady chybí ...**	*[tadi khibee]*
This is too bitter.	**Tohle je moc hořké.**	*[tohle ye mots horzhkeh]*
This is too sweet.	**Tohle je moc sladké.**	*[tohle ye mots slatkeh]*
I think there's the mistake in this bill.	**V tom účtu je asi chyba.**	*[v tom ōōchtoo ye asi khiba]*
Is everything included?	**Je v tom všechno?**	*[ye v tom vshekhno]*

TRAVELLING BY TRAIN
CESTOVÁNÍ VLAKEM

18

| How can I get to the railway station? | **Jak se dostanu na nádraží?** | *[yak se dostanoo na nahdrazhee]* |

How can I get to the platform?	**Jak se dostanu na nástupiště?**	*[yak se dostanoo na nahstoopisht^ye]*
How can I get to the waiting room?	**Jak se dostanu do čekárny?**	*[yak se dostanoo do chekahrni]*
What time does the express to Prague leave?	**Kdy jede rychlík do Prahy?**	*[gdi yede rikhleek do prahi]*
Is it a direct train?	**Je to přímý vlak?**	*[ye to przheemee vlak]*
Where shall I change?	**Kde mám přestupovat?**	*[gde mahm przhestoopovat]*
I would like a single ticket to Brno. (M)	**Chtěl bych jízdenku do Brna.**	*[kht^yel bikh yeezdenkoo do brna]*
I would like a single ticket to Brno. (F)	**Chtěla bych jízdenku do Brna.**	*[kht^yela bikh yeezdenkoo do brna]*
- a single ticket	**- jednoduchá jízdenka**	*[yednodookhah yeezdenka]*
- a return ticket	**- zpáteční jízdenka**	*[spahtechn^yee yeezdenka]*
- a seat reservation	**- místenka**	*[meestenka]*
- by first class	**- první třídou**	*[prvn^yee trzheedoh]*
- by second class	**- druhou třídou**	*[droohoh trzheedoh]*
I've missed the train.	**Ujel mi vlak.**	*[ooyel mi vlak]*
When is the next train?	**Kdy jede další vlak?**	*[gdi yede dalshee vlak]*
When is the last train to Olomouc?	**Kdy jede poslední vlak do Olomouce?**	*[gdi yede posledn^yee vlak do olomohtse]*

TRAVELLING BY PLANE
CESTOVÁNÍ LETADLEM

19

What time does the plane to London take off?	**V kolik hodin letí letadlo do Londýna?**	*[v kolik **h**od^yin let^yee letadlo do londeena]*

Where is the stopover?	**Kde je mezipřistání?**	*[gde ye meziprzhistahn^yee]*
What time should we check in?	**Kdy se musíme odbavit?**	*[gdi se mooseeme otbavit]*
I would like to cancel my reservation. (M)	**Chtěl bych zrušit mou rezervaci.**	*[kht^yel bikh zrooshit moh rezervatsi]*
I would like to confirm my reservation. (F)	**Chtěla bych potvrdit mou rezervaci.**	*[kht^yela bikh potvrd^yit moh rezervatsi]*
I would like to change my reservation. (M)	**Chtěl bych změnit mou rezervaci.**	*[kht^yel bikh zm^yen^yit moh rezervatsi]*

TRAVELLING BY SHIP
CESTOVÁNÍ LODÍ

20

- on the deck	**- na palubě**	*[na paloob^ye]*
- a captain	**- kapitán**	*[kapitahn]*
How long is the ticket valid for?	**Jak dlouho platí lístek?**	*[yak dlohho plat^yee leestek]*
What day does the ship sail to ...?	**Který den odplouvá loď do ...?**	*[kteree den odplohvah lod^y do]*
What day does the ferry sail to ...?	**Který den odplouvá trajekt do ...?**	*[kteree den odplohvah trayekt do]*
A ship is reaching a shore.	**Loď přiráží ke břehu.**	*[lod^y przhirahzhee ke brzhehoo]*
A ship is at an anchor.	**Loď kotví.**	*[lod^y kotvee]*
A ship weighs an anchor.	**Loď zdvihá kotvu.**	*[lod^y zdvihah kotvoo]*
A ship drops an anchor.	**Loď spouští kotvu.**	*[lod^y spohsht^yee kotvoo]*
A ship sets sail.	**Loď vyplouvá na moře.**	*[lod^y viplohvah na morzhe]*

TRAVELLING BY LOCAL TRANSPORT
CESTOVÁNÍ MĚSTSKOU DOPRAVOU

Where is the nearest bus station?	Kde je nejbližší stanice autobusu?	[gde ye neyblizhshee stanʸitse aootoboosoo]
- tramway station	- stanice tramvaje	[stanʸitse tramvaye]
- tube/ subway station	- stanice metra	[stanʸitse metra]
Which bus goes to the center?	Který autobus jede do centra?	[kteree aootoboos yede do tsentra]
Does this tramway go to the theatre?	Jede tato tramvaj k divadlu?	[yede tato tramvay k dʸivadloo]
Will you tell me when to get off?	Řeknete mi, kdy mám vystoupit?	[rzheknete mi gdi mahm vistohpit]

TAXI
TAXI

Could you get me a taxi? (toM)	Mohl byste mi zavolat taxi?	[mohl biste mi zavolat taksi]
Could you get me a taxi? (toF)	Mohla byste mi zavolat taxi?	[mohla biste mi zavolat taksi]
Are you free? (toM)	Jste volný?	[yste volnee]
Are you free? (toF)	Jste volná?	[yste volnah]
Would you take me ...? (toM)	Zavezl byste mě ...?	[zavezl biste mnʸe]
Would you take me ...? (toF)	Zavezla byste mě ...?	[zavezla biste mnʸe]
- to the centre	- do centra	[do tsentra]
- to the railway station	- na nádraží	[na nahdrazhee]

- to the airport	- **na letiště**	*[na let'isht'e]*
- to this address	- **na tuto adresu**	*[na tooto adresoo]*
Is it far?	**Je to daleko?**	*[ye to daleko]*
Wait for me, please, I'll be back in ten minutes.	**Počkejte na mne, prosím, za 10 minut jsem zpátky.**	*[pochkeyte na mne proseem za deset minoot ysem spahtki]*
How much is it?/ How much do I owe you? (M)	**Kolik jsem Vám dlužen?**	*[kolik ysem vahm dloozhen]*
How much is it?/ How much do I owe you? (F)	**Kolik jsem Vám dlužná?**	*[kolik ysem vahm dloozhnah]*
Please stop here.	**Zastavte tady.**	*[zastavte tadi]*

A CAR HIRE COMPANY
PŮJČOVNA AUT

23

Is a car renting company around here?	**Je tady někde půjčovna aut?**	*[ye tadi n'egde pŏŏychovna aoot]*
I'd like to rent a car for two days. (M)	**Chtěl bych si na dva dny půjčit auto.**	*[kht'el bikh si na dva dni pŏŏychit aooto]*
I'd like to rent a car for a week. (F)	**Chtěla bych si na týden půjčit auto.**	*[kht'ela bikh si na teeden pŏŏychit aooto]*
How much is a car rental for one week?	**Kolik stojí pronájem auta na jeden týden?**	*[kolik stoyee pronahyem aoota na yeden teeden]*
My car has broken down.	**Mně se pokazilo auto.**	*[mn'e se pokazilo aooto]*
Could you give me a tow to the nearest garage for repair? (toM)	**Mohl byste mě odtáhnout na opravu do nejbližšího servisu?**	*[mohl biste mn'e ot-tahhnoht na opravoo do neyblizhsheeho servisoo]*

Could you send here a mechanic?	**Můžete sem poslat mechanika?**	*[mōōzhete sem poslat mekhanika]*
Where are you now?	**Kde jste teď?**	*[gde yste teďʲ]*
Can you change the tyre for me?	**Můžete mi vyměnit pneumatiku?**	*[mōōzhete mi vimnʲenʲit pneoomatikoo]*
Where can I park?	**Kde můžu zaparkovat?**	*[gde mōōzhoo zaparkovat]*
Where is the nearest petrol station?	**Kde je nejbližší benzínová stanice?**	*[gde ye neyblishshee benzeenovah stanʲitse]*
Give me 10 litres of petrol.	**Dejte mi 10 litrů benzínu.**	*[deyte mi deset litrōō benzeenoo]*
Help me, please.	**Pomozte mi.**	*[pomoste mi]*
You are on the wrong road.	**Jste na špatné silnici.**	*[yste na shpatneh silnʲitsi]*
Go straight ahead.	**Jeďte rovně.**	*[yeďʲte rovnʲe]*
Go straight ahead.	**Běžte rovně.**	*[bʲezhte rovnʲe]*
It's down there.	**To je tam dole.**	*[to ye tam dole]*
It's up there.	**To je tam nahoře.**	*[to ye tam nahorzhe]*
It's on the left.	**To je po levé straně.**	*[to ye po leveh stranʲe]*
It's on the right.	**To je po pravé straně.**	*[to ye po praveh stranʲe]*
It's behind ...	**To je za ...**	*[to ye za]*
It's in front of ...	**To je před ...**	*[to ye przhed]*
It's next to ...	**To je vedle ...**	*[to ye vedle]*
It's after ...	**To je po ...**	*[to ye po]*
It's opposite ...	**To je naproti ...**	*[to ye naprotʲi]*
to the north	**na sever**	*[na sever]*
to the south	**na jih**	*[na yih]*
to the east	**na východ**	*[na veekhot]*
to the west	**na západ**	*[na zahpat]*

SIGHTSEEING
PROHLÍŽENÍ PAMĚTIHODNOSTÍ

Can I hire a private guide for one day?	**Mohu si najmout na den soukromého průvodce?**	*[mohoo si naymoht na den sohkromehho prōōvot-tse]*
Where is ...?	**Kde je ...?**	*[gde ye]*
Where are ...?	**Kde jsou ...?**	*[gde ysoh]*
- the centre of the town	**- centrum města**	*[tsentroom mⁿesta]*
- the theatre/ the museum	**- divadlo/ muzeum**	*[dⁿivadlo]/ [moozeoom]*
- the cathedral/ the castle	**- katedrála/ zámek**	*[katedrahla]/ [zahmek]*
- the church/ the palace	**- kostel/ palác**	*[kostel]/ [palahts]*
- the square/ the market	**- náměstí/ trh**	*[nahmnⁿestⁿee]/ [trh]*
- the botanical garden	**- botanická zahrada**	*[botanitskah zahrada]*
- the town hall	**- radnice**	*[radnⁿitse]*
- the tower	**- věž**	*[vⁿezh]*
- the ZOO	**- zoologická zahrada**	*[zo-ologitskah zahrada]*
- the shopping area	**- obchodní čtvrť**	*[obkhodnⁿee chtvrtⁿ]*
What are the opening hours?	**Jaká je otevírací doba?**	*[yakah ye oteveeratsee doba]*
When does it close?	**V kolik hodin se zavírá?**	*[v kolik hoďin se zaveerah]*
How much is the fee?	**Kolik je vstupné?**	*[kolik ye vstoopneh]*

RELAXING AND CULTURE
ZÁBAVA A KULTURA

I'd like today's edition of The Times, please. (M)	**Chtěl bych dnešní vydání novin Times.**	*[khtⁿel bikh dneshnⁿee vidahnⁿee novin tayms]*

I'd like today's edition of The Times, please. (F)	**Chtěla bych dnešní vydání novin Times.**	*[kht'el bikh dneshn'ee vidahn'ee novin tayms]*
I'm interested in sport.	**Zajímám se o sport.**	*[zayeemahm se o sport]*
Have you got a street map of Prague?	**Máte mapu Prahy?**	*[mahte mapoo prahi]*
What's your programme for tonight?	**Co děláte dnes večer?**	*[tso d'elahte dnes vecher]*
Would you like to go to the theatre with me? (toM)	**Chtěl byste jít se mnou do divadla?**	*[kht'el biste yeet se mnoh do d'ivadla]*
Would you like to go to the theatre with me? (toF)	**Chtěla byste jít se mnou do divadla?**	*[kht'ela biste yeet se mnoh do d'ivadla]*
What time does the performance begin?	**V kolik hodin začíná představení?**	*[v kolik hod'in zacheenah przhetstaven'ee]*
What's on at the cinema tonight?	**Co dávají dnes v kině?**	*[tso dahvayee dnes v kin'e]*
I'm afraid I have to refuse.	**Bohužel, musím odmítnout.**	*[bohoozhel mooseem odmeetnoht]*
Is there a discotheque in town?	**Je někde ve městě diskotéka?**	*[ye n'ekde ve m'est'e diskotehka]*
Thank you, it's been a wonderful evening.	**Děkuji za krásný večer.**	*[d'ekooyi za krahsnee vecher]*

SHOPS, STORES AND SERVICES
OBCHODY A SLUŽBY

26

chemist's/ drugstore	**drogerie**	*[drogehriye]*
bakery	**pekařství**	*[pekarzhstvee]*

hairdresser's	kadeřnictví	*[kaderzhnʸits-tvee]*
bookstore/ bookshop	knihkupectví	*[knʸihkoopets-tvee]*
chemist's/ pharmacy	lékárna	*[lehkahrna]*
footwear/ clothing	obuv/ oděvy	*[oboof]/ [odʸevi]*
- men's wear	- pánské	*[pahnskeh]*
- ladies' wear	- dámské	*[dahmskeh]*
- children's wear	- dětské	*[dʸet-skeh]*
fruit - vegetables	ovoce - zelenina	*[ovotse - zelenʸina]*
stationer's/ toys	papírnictví/ hračky	*[papeernʸitstvee]/ [hrachki]*
grocery/ supermarket	potraviny/ market	*[potravini]/ [market]*
souvenir shop/ gifts	suvenýry/ dárky	*[sooveneeri]/ [dahrki]*
dentist/ post office	zubař/ pošta	*[zoobarzh]/ [poshta]*
department store	obchodní dům	*[opkhodnʸee dōōm]*
toilets	toalety	*[toaleti]*

Is there anywhere a big department store?	Je tu někde velký obchodní dům?	*[ye too nʸegde velkee opkhodnʸee dōōm]*
What time do the shops close?	V kolik hodin otevírají obchody?	*[v kolik hoďin oteveerayee opkhodi]*
What time do the shops close?	V kolik hodin zavírají obchody?	*[v kolik hoďin zaveerayee opkhodi]*
I want to buy ...	Chci si koupit ...	*[khtsi si kohpit]*
It's expensive.	To je drahé.	*[to ye draheh]*
I'd like anything ... (M)	Chtěl bych něco ...	*[khtʸel bikh nʸetso]*
I'd like anything ... (F)	Chtěla bych něco ...	*[khtʸel bikh nʸetso]*
- cheaper	- levnějšího	*[levnʸeysheeho]*
- better	- lepšího	*[lepsheeho]*

Would you show me ...?	**Ukážete mi, prosím ...?**	*[ookahzhete mi proseem]*
What is the guarantee?	**Jaká je záruka?**	*[yakah ye zahrooka]*
Could you wrap it up for me please?	**Můžete mi to, prosím, zabalit?**	*[mōōzhete mi to proseem zabalit]*
Do you accept credit cards?	**Mohu platit kreditní kartou?**	*[mohoo plat'it kreditn'ee kartoh]*

BANK
BANKA

27

Where's the nearest bank?	**Kde je nejbližší banka?**	*[gde ye neyblizh-shee banka]*
I want to exchange some money.	**Chci si vyměnit nějaké peníze.**	*[khtsi si vimn'en'it n'eyakeh pen'eeze]*
Give me small change, please.	**Dejte mi drobné peníze, prosím.**	*[deyte mi drobneh pen'eeze proseem]*
Give me large notes, please.	**Dejte mi papírové bankovky, prosím.**	*[deyte mi papeeroveh bankovki proseem]*
What's the exchange rate?	**Jaký je dnes kurs?**	*[yakee ye dnes koors]*
I'd like to transfer money from my account No. ... to the account No. ... (M)	**Chtěl bych převést peníze z mého účtu č. ... na účet č. ...**	*[kht'el bikh przhevehst pen'eeze z mehho ōōchtoo cheeslo na ōōchet cheeslo]*

POST OFFICE
POŠTA

28

| Have you got any mail for me? | **Máte pro mne poštu?** | *[mahte pro mne poshtoo]* |

How much is the stamp for a postcard to England?	**Kolik stojí známka na pohlednici do Anglie?**	*[kolik stoyee znahmka na pohledn'itsi do angliye]*
Where is a letter-box?	**Kde je poštovní schránka?**	*[gde ye poshtovn'ee skhrahnka]*
A stamp for this letter, please.	**Známku na tento dopis, prosím.**	*[znahmkoo na tento dopis proseem]*
A stamp for this postcard, please.	**Známku na tento pohled, prosím.**	*[znahmkoo na tento pohled proseem]*
I'd like to send a telegram. (M)	**Chtěl bych poslat telegram.**	*[kht'el bikh poslat telegram]*
I'd like to send a parcel. (F)	**Chtěla bych poslat balík.**	*[kht'ela bikh poslat baleek]*

TELEPHONE
TELEFON

29

May I use your phone?	**Můžu si zavolat?**	*[mōōzhoo si zavolat]*
Shall I give you a ring?	**Mám ti zavolat?**	*[mahm t'i zavolat]*
What's your telephone number?	**Jaké máte telefonní číslo?**	*[yakeh mahte telefon'ee cheeslo]*
Hallo, this is ...	**Haló, tady ...**	*[halō tadi]*
Who is speaking, please?	**Kdo volá?**	*[gdo volah]*

DATE, TIME AND WEATHER
DATUM, ČAS A POČASÍ

30

What's the time?	**Kolik je hodin?**	*[kolik ye hod'in]*
It's ...	**Je ...**	*[ye]*

It's one o'clock.	1:00 hodina	*[yedna hoďina]*
It's five past three.	3:05 hod.	*[trzhi hoďini a pʸet minoot]*
It's ten past three.	3:10 hod.	*[trzhi hoďini a deset minoot]*
It's a quarter past three.	3:15 hod.	*[trzhi hoďini a patnahtst minoot]*
It's half past three.	3:30 hod.	*[trzhi hoďini a trzitset minoot]*
It's a quarter to four.	3:45 hod.	*[trzhi hoďini a chtirzhitset pʸět minoot]*

When we'll meet?	**Kdy se sejdeme?**	*[gdi se seydeme]*
Tomorrow morning.	**Zítra ráno.**	*[zeetra rahno]*
- in the afternoon	**- odpoledne**	*[otpoledne]*
- in the evening	**- večer**	*[vecher]*
yesterday	**včera**	*[vchera]*
today	**dnes**	*[dnes]*
on Monday	**v pondělí**	*[v ponďelee]*

Monday	**pondělí**	*[ponďelee]*
Tuesday	**úterý**	*[ōōteree]*
Wednesday	**středa**	*[strzheda]*
Thursday	**čtvrtek**	*[chtvrtek]*
Friday	**pátek**	*[pahtek]*
Saturday	**sobota**	*[sobota]*
Sunday	**neděle**	*[neďele]*

spring	**jaro**	*[yaro]*
summer	**léto**	*[lehto]*
autumn	**podzim**	*[podzim]*
winter	**zima**	*[zima]*

What's the weather like?	**Jaké je počasí?**	*[yakeh ye pochasee]*
It's lovely.	**Je nádherně.**	*[ye nahdhernʸe]*
It's nasty.	**Je škaredě.**	*[ye shkaredʸe]*
It's bright.	**Je jasno.**	*[ye yasno]*
It's cloudy.	**Je oblačno.**	*[ye oblachno]*
It's hot.	**Je horko.**	*[ye **h**orko]*
It's cool.	**Je chladno.**	*[ye khladno]*
It's foggy.	**Je mlha.**	*[ye ml**h**a]*
It's cold.	**Je zima.**	*[ye zima]*
It's raining.	**Prší.**	*[prshee]*
The wind is strong.	**Je silný vítr.**	*[ye silnee veetr]*
It's snowing.	**Sněží.**	*[snʸezhee]*

NUMBERS
ČÍSLA

0	**nula**	*[noola]*	11	**jedenáct**	*[yedenahtst]*
1	**jedna**	*[yedna]*	12	**dvanáct**	*[dvanahtst]*
2	**dva**	*[dva]*	13	**třínáct**	*[trzhinahtst]*
3	**tři**	*[trzhi]*	14	**čtrnáct**	*[chtrnahtst]*
4	**čtyři**	*[chtirzhi]*	15	**patnáct**	*[patnahtst]*
5	**pět**	*[pʸet]*	16	**šestnác**	*[shestnahtst]*
6	**šest**	*[shest]*	17	**sedmnáct**	*[sedmnahtst]*
7	**sedm**	*[sedm]*	18	**osmnáct**	*[osmnahtst]*
8	**osm**	*[osm]*	19	**devatenáct**	*[devatenahtst]*
9	**devět**	*[devʸet]*	20	**dvacet**	*[dvatset]*
10	**deset**	*[deset]*	21	**dvacet jedna**	*[dvatset yedna]*

30	**třicet**	*[trzhitset]*
40	**čtyřicet**	*[chtirzhitset]*
50	**padesát**	*[padesaht]*
60	**šedesát**	*[shedesaht]*
70	**sedmdesát**	*[sedmdesaht]*
80	**osmdesát**	*[osmdesaht]*
90	**devadesát**	*[devadesaht]*
100	**sto**	*[sto]*
101	**sto jedna**	*[sto yedna]*
1 000	**tisíc**	*[tʲiseets]*
1 000 000	**milion**	*[miliōn]*

EMERGENCY
POHOTOVOST

32

Help!	**Pomoc!**	*[pomōts]*
Fire!	**Hoří!**	*[horzhee]*
Look out!	**Pozor!**	*[pozor]*
Thief!	**Zloděj!**	*[zlodʲey]*
Call the police!	**Zavolejte policii!**	*[zavoleyte politsii]*
Get a doctor!	**Zavolejte lékaře!**	*[zavoleyte lehkarzhe]*
Call the ambulance.	**Zavolejte sanitku!**	*[zavoleyte sanitkoo]*
My bag has been stolen.	**Někdo mi ukradl tašku.**	*[nʲegdo mi ookradl tashkoo]*